Bernhard Schlink
Aktuelle Fragen
des pränatalen Lebensschutzes

Schriftenreihe
der
Juristischen Gesellschaft zu Berlin

Heft 172

W
DE
G

2002
De Gruyter Recht · Berlin

Aktuelle Fragen
des pränatalen Lebensschutzes

von
Bernhard Schlink

Überarbeitete Fassung eines Vortrages
gehalten vor der
Juristischen Gesellschaft zu Berlin
am 19. Dezember 2001

W
DE
G

2002
De Gruyter Recht · Berlin

Prof. Dr. *Bernhard Schlink,*
Universitätsprofessor
an der Humboldt-Universität zu Berlin

Die Überarbeitung des Vortrages
wurde im Februar 2002 abgeschlossen.

⊗ Gedruckt auf säurefreiem Papier,
das die US-ANSI-Norm über Haltbarkeit erfüllt.

Die Deutsche Bibliothek – CIP-Einheitsaufnahme

Schlink, Bernhard:
Aktuelle Fragen des pränatalen Lebensschutzes : erweiterte Fassung eines
Vortrages, gehalten vor der Juristischen Gesellschaft zu Berlin am
19. Dezember 2002 / von Bernhard Schlink. – Berlin : de Gruyter, 2002
(Schriftenreihe der Juristischen Gesellschaft zu Berlin ; H. 172)
ISBN 3-89949-001-0

Printed in Germany
Satz: DTP Johanna Boy, Brennberg – Druck: Druckerei Gerike GmbH, Berlin
Buchbinderische Verarbeitung: Industriebuchbinderei Fuhrmann GmbH & Co. KG, Berlin

Aktuelle Fragen des pränatalen Lebensschutzes

I.

Als in den 60er Jahren nach der Verantwortung der Physiker gefragt wurde, war die Atombombe längst entwickelt und geworfen und die friedliche Nutzung der Kernenergie in vollem Gang. Als in den 70er Jahren die Entkoppelung von Sexualität und Fortpflanzung durch die Pille diskutiert wurde, war sie bereits vollzogen. Wenn heute auf die Differenz zwischen Schöpfer und Geschöpf insistiert wird, als könnte im Schritt vom Geschöpf zum Schöpfer noch innegehalten werden[1], wachsen schon Kinder heran, die in vitro nur dank eines menschlichen Schöpfungsakts entstanden sind. Die großen vergangenen und die große gegenwärtige ethische Debatte bestätigen, daß die Philosophie zum Belehren, wie die Welt sein soll, stets zu spät kommt.

Sie erscheint, wie Hegel in der Vorrede der Rechtsphilosophie[2] fortfährt, erst nachdem die Wirklichkeit ihren Bildungsprozeß vollendet hat. In der Tat treibt nicht nur der Drang der Wissenschaftler zu machen, was machbar ist, die Arbeit an den neuen medizinisch-technischen Schöpfungsmöglichkeiten voran. In ihr vollendet sich auch der Bildungsprozeß der Säkularisierung. Die säkulare Gesellschaft akzeptiert kein Schicksal mehr; Schicksal wird nur so lange akzeptiert, wie es als Chiffre für Gottes Willen akzeptiert werden kann. Die säkulare Gesellschaft fordert, daß, was einstmals als Schicksalsschlag einleuchtete, wenn es abgewehrt werden kann, auch abgewehrt wird. Kann es nicht abgewehrt werden, fordert sie Ersatzleistungen und Wiedergutmachungen, und sie fordert sie zunehmend sogar da, wo ein Schicksalsschlag historisch erheblich zurückliegt. Als mindestes fordert sie Versicherungsschutz. Kinderlosigkeit wurde besonders lange als Schicksalsschlag akzeptiert; sie war nicht abzuwenden, nicht zu entschädigen, und es gab nicht einmal eine Versicherung. Aber wenn sie heute in vitro behoben werden kann – warum sollten Paare sie noch als

---

[1] J. Habermas, Dankesrede zur Verleihung des Friedenspreises des Deutschen Buchhandels am 14. Oktober 2001, Sonderdruck des Börsenvereins des Deutschen Buchhandels, Frankfurt 2001, S. 53 f.

[2] G.W.F. Hegel, Grundlinien der Philosophie des Rechts, Berlin 1821.

Schicksal akzeptieren? Warum sollten Kranke ihre Krankheit als Schicksal akzeptieren, wenn therapeutisch geklonte embryonale Stammzellen Heilung versprechen? Warum sollten Eltern den Tod ihres Kinds als Schicksal akzeptieren, wenn an seine Stelle ein reproduktiv geklontes identisches Geschwister treten könnte? Weil die Differenz zwischen Schöpfer und Geschöpf nicht eingeebnet werden darf?[3] Aber Schöpfer und Geschöpf sind der säkularen Gesellschaft ebenso fremd wie Schicksal.

Daß die Philosophie zum Belehren der Welt zu spät kommt, heißt nicht, daß darüber, wie mit der Kernenergie, der Pille und den neuen medizinisch-technischen Schöpfungsmöglichkeiten umgegangen werden soll, keine Belehrung gesucht und gefunden werden könnte oder müßte. Aber es geht dabei nur um den Umgang mit der Welt, die schon eine andere geworden ist, nicht darum, ob die Welt erst noch eine andere werden soll. Ebenso wie damals die Diskussion um die Verantwortung der Physiker nur auf der Bühne geführt werden konnte, als gelte es noch mal die Entscheidung für oder gegen den Bau der Atombombe, ist auch heute die Diskussion um Stammzellenforschung, therapeutisches und reproduktives Klonen und Präimplantationsdiagnostik nur ein intellektuelles Spiel, wenn sie so grundsätzlich geführt wird, als bestünde die Wahl, im Zustand der Unschuld zu bleiben oder ihn zu verlassen. Er ist längst verlassen.

II.

Auch in der juristischen Diskussion gibt es eine falsche Grundsätzlichkeit. Ob im Licht der Rechtsprechung des Bundesverfassungsgerichts mit der Verschmelzung von Ei- und Samenzelle bereits von Art. 2 Abs. 2 S. 1 GG geschütztes Leben vorliegt und ob ihm gemäß Art. 1 Abs. 1 GG Würde zukommt, wird diskutiert, als sei es der Dreh- und Angelpunkt der rechtlichen Beurteilung von Stammzellenforschung, therapeutischem und reproduktivem Klonen und Präimplantationsdiagnostik.[4] Aber die Rechtsprechung des Bundesverfassungsgerichts ist komplexer, als daß mit der Bejahung der beiden Fragen schon das Ergebnis gewonnen wäre.

---

[3] Habermas (Fn. 1), S. 54.

[4] E. Benda, Verständigungsversuche über die Würde des Menschen, NJW 2001, 2147; W. Höfling, Reprogenetik und Verfassungsrecht, Köln 2001, S. 11-24; J. Ipsen, Der „verfassungsrechtliche Status" des Embryos in vitro, JZ 2001, 989; C. Starck, Hört auf, unser Grundgesetz zerreden zu wollen, FAZ vom 30. 05. 2001; R. Wolfrum, Unser Recht auf ein Höchstmaß an Gesundheit, FAZ vom 29. 05. 2001.

Auf der einen Seite stellt das Bundesverfassungsgericht in seiner Rechtsprechung zum Schwangerschaftsabbruch fest, daß zum menschlichen Leben nicht nur das geborene, sondern auch das ungeborene Leben gehört, daß dem ungeborenen Leben Menschenwürde zukommt und daß Art. 1 Abs. 1 i. V. m. Art. 2 Abs. 2 S. 1 GG den Staat verpflichtet, das ungeborene Leben und seine Würde zu achten, zu schützen und zu fördern.[5] Auf den Zeitpunkt, zu dem menschliches Leben entsteht, legt das Bundesverfassungsgericht sich nicht fest; es setzt ihn jedenfalls mit der Einnistung der befruchteten Eizelle in der Gebärmutter an, sieht aber vieles dafür sprechen, ihn schon bei der Verschmelzung von Ei- und Samenzelle anzusetzen. In der Tat liegt „individuelles, in seiner genetischen Identität und damit in seiner Einmaligkeit und Unverwechselbarkeit bereits festgelegtes ... Leben", worauf das Bundesverfassungsgericht abstellt[6], bereits ab der Verschmelzung vor. Es ist zwar kein, wovon das Bundesverfassungsgericht in der zitierten Passage auch schreibt, „nicht mehr teilbares Leben". Aber auch noch teilbares menschliches Leben ist menschliches Leben, und wenn menschlichem Leben als solchen Menschenwürde zukommen soll, muß sie auch dem noch teilbaren menschlichen Leben zukommen. Vom geschützten Leben schreibt das Bundesverfassungsgericht, daß es „im Prozeß des Wachsens und Sich-Entfaltens sich nicht erst zum Menschen, sondern als Mensch entwickelt".[7]

Es folgt eine Passage, in der das Bundesverfassungsgericht Leben und Würde, Lebensrecht und Würdeschutz fest zusammenzurrt. Die Würde „liegt auch für das ungeborene Leben im Dasein um seiner selbst willen", sie „bedingt, daß die Rechtsordnung die rechtlichen Voraussetzungen seiner Entfaltung im Sinne eines eigenen Lebensrechts des Ungeborenen gewährleistet. Dieses Lebensrecht, das ... dem Ungeborenen schon aufgrund seiner Existenz zusteht, ist das elementare und unveräußerliche Recht, das von der Würde des Menschen ausgeht ...".[8]

Das ist die eine Seite. Sie ist zwar in der Herleitung und Begründung nicht ganz klar. Denn das Lebensrecht als der elementare und unveräußerliche Ausfluß aus der Menschenwürde paßt nicht in die sonstige Grundrechtsdogmatik. In ihr ist das Lebensrecht nicht Ausfluß der Menschenwürde, sondern eigenständiges Schutzgut und als solches gewiß elementar, aber ebenso gewiß nicht unveräußerlich, wenn damit die Unverfügbarkeit für den Grundrechtsberechtigten und die Unantastbarkeit

---

[5] BVerfGE 88, 203 (251); 39, 1 (42).
[6] BVerfGE 88, 203 (251 f.).
[7] BVerfGE 88, 203 (252).
[8] BVerfGE 88, 203 (252).

für den Staat gemeint ist[9] – und was sollte sonst damit gemeint sein. Zwar fließt auch in der sonstigen Grundrechtsdogmatik aus der Menschenwürde das Recht des Grundrechtsberechtigten, „um seiner selbst willen", d. h., als Zweck und nicht als Mittel, als Subjekt und nicht als Objekt behandelt zu werden.[10] Aber das gilt weniger für das Dasein als für das Sosein. Trotz dieser Herleitungs- und Begründungsunklarheiten ist aber das Ergebnis im Prinzip ganz klar: Ungeborenes menschliches Leben hat aus Art. 1 Abs. 1 GG ein elementares und unveräußerliches Lebensrecht, und der Staat hat die Pflicht, es zu schützen.

Auf der anderen Seite steht der Schutz, den das Bundesverfassungsgericht tatsächlich fordert. Bis zur Nidation fordert es überhaupt keinen Schutz. Zwar führt es im zweiten Urteil zum Schwangerschaftsabbruch aus, Gegenstand der angegriffenen Vorschriften sei nur der Schwangerschaftsabbruch und entscheidungserheblich sei daher auch nur die Zeit der Schwangerschaft, d. h. die Zeit ab der Einnistung.[11] Aber wie es bei den angegriffenen Vorschriften rügt, sie schützten das werdende Leben ab der Einnistung nicht hinreichend, hätte es auch rügen können, daß sie das werdende Leben vor der Einnistung überhaupt nicht schützen. Ohnehin läßt sich das Bundesverfassungsgericht durch den Maßstab der Entscheidungserheblichkeit nie abhalten zu sagen, was es um der Verfassung und der Grundrechte willen sagen zu müssen meint. Zwar gab es zum Zeitpunkt der Entscheidung noch keinen Anlaß, über Stammzellenforschung und Präimplantationsdiagnostik nachzudenken. Aber der Intrauterinpessar war in rechtlich unangefochtenem massenhaftem Gebrauch und führte zu entsprechend unangefochtener massenhafter Abtötung befruchteter Eizellen.

Für die Zeit nach der Einnistung, d. h. für die Zeit der Schwangerschaft fordert das Bundesverfassungsgericht nur einen minderen Schutz. Es stellt einleuchtend fest, daß die im Schwangerschaftskonflikt kollidierenden Rechtsgüter nicht zu verhältnismäßigem Ausgleich gebracht werden können; jede Rücksicht auf Rechtsgüter der abbruchswilligen Schwangeren bedeutet Preisgabe des Lebens des Ungeborenen.[12] Es gibt das Leben des

---

[9] Vgl. H. Dreier, Menschenwürdegarantie und Schwangerschaftsabbruch, DÖV 1995, 1036 (1037); G. Hermes, Das Grundrecht auf Schutz von Leben und Gesundheit, Freiburg 1987, S. 140 f.; H. Hofmann, Die versprochene Menschenwürde, AöR 1993, 353 (376).

[10] BVerfGE 87, 209 (228) [Strafbarkeit von Gewaltdarstellungen]; 30, 1 (26) [Erstes Abhörurteil].

[11] BVerfGE 88, 203 (252).

[12] BVerfGE 88, 203 (255 f.).

Ungeborenen nun aber nicht nur mit Rücksicht auf Gefahren für das gleichrangige Rechtsgut des Lebens der Schwangeren preis, sondern auch mit Rücksicht auf ernste Gefahren für das rangniedrigere Rechtsgut ihrer Gesundheit und mit Rücksicht auch auf unbestimmte sonstige rangniedrigere Positionen und Werte; es sieht „schutzwürdige Positionen einer schwangeren Frau sich mit solcher Dringlichkeit geltend machen" und „Belastungen ... ein solches Maß an Aufopferung eigener Lebenswerte verlangen, daß [die Fortsetzung der Schwangerschaft] von der Frau nicht erwartet werden kann".[13] Die Einzelheiten des vom Bundesverfassungsgericht im zweiten Urteil zum Schwangerschaftsabbruch geforderten und vom Gesetzgeber im wesentlichen umgesetzten Schwangerschaftsabbruchsrechts sind hier noch nicht darzulegen. Es genügt, an die Fristen von 12 und 22 Wochen zu erinnern, innerhalb deren der Schwangerschaftsabbruch unter zunehmend leichteren Bedingungen akzeptiert wird.[14] In dem Nullsummenspiel zwischen dem Lebensrecht des Ungeborenen und den Rechtsgütern, Lebenswerten und schutzwürdigen Positionen der Schwangeren läuft das auf bundesverfassungsgerichtliche Minderungen des Schutzes von Leben und Würde des Ungeborenen hinaus.

Nachdem es vom Prinzip, daß ungeborenes menschliches Leben ein elementares und unveräußerliches Lebensrecht hat, das vom Staat zu schützen ist, zu den Situationen, Konflikten und Fristen übergegangen ist, unter denen es vom Staat nicht oder minder zu schützen ist, kehrt das Bundesverfassungsgericht noch mal zum Prinzip zurück. „[D]ie besondere Lage der Frau und des Ungeborenen ... darf aber ... nicht dazu führen, die Grundrechtspositionen der Frau denen des ungeborenen Lebens überzuordnen. Liegt die Würde des Menschseins auch für das ungeborene Leben im Dasein um seiner selbst willen, so verbieten sich jegliche Differenzierungen der Schutzverpflichtung mit Blick auf Alter und Entwicklungsstand dieses Lebens oder die Bereitschaft der Frau, es weiter in sich leben zu lassen".[15] Aber das klingt eher beschwörend als überzeugend. Was, wenn nicht dem Lebensrecht des Ungeborenen übergeordnet ist die Grundrechtsposition der Schwangeren, die die Schwangerschaft abbrechen darf? Was, wenn nicht Differenzierungen im Blick auf die Entwicklung des Ungeborenen sind die Fristen von 12 und 22 Wochen? Was, wenn nicht eine Differenzierung im Blick auf die Bereitschaft der Frau, die Schwangerschaft fortzusetzen, ist das Abstellen darauf, ob der Frau die Bereitschaft zur Fortsetzung der Schwangerschaft zugemutet werden kann?

---

[13] BVerfGE 88, 203 (256 f.).
[14] Vgl. § 218a Abs. 1, 3 u. 4 StGB und BVerfGE 88, 203 (264 ff.).
[15] BVerfGE 88, 203 (267).

III.

Die Kritik soll nicht der Rücksicht gelten, die das Bundesverfassungsgericht auf die Situationen und Konflikte nimmt, die die Fortsetzung der Schwangerschaft unzumutbar machen können, und auch nicht dem Umstand, daß es diese Rücksicht nach Maßgabe von Fristen bzw. der entsprechenden Entwicklung des Ungeborenen variiert. Ein das Prinzip stimmig verfolgendes, das ungeborene Leben ebenso wie das geborene schützendes Recht könnte den Schwangerschaftsabbruch nur um der Rettung des Lebens der Mutter willen zulassen. Es würde in unserer Gesellschaft nicht akzeptiert und könnte nicht durchgesetzt werden.

Die Kritik soll auch nicht dem Ansatz des Bundesverfassungsgerichts gelten, das ungeborene Leben unter den Lebens- und Würdeschutz des Grundgesetzes zu stellen. Daß es sich um Leben handelt, steht außer Frage. Um was für Leben sollte es sich handeln, wenn nicht um menschliches? Und wie sollte zwischen menschlichem Leben und dem Menschen eine klare Grenze gezogen werden? Wie sollte dann weiter der Lebens- und Würdeschutz des Grundgesetzes dem Menschen vorbehalten und dem menschlichen Leben vorenthalten werden?

Aber was Lebens- und was Würdeschutz bedeutet, ist nicht immer dasselbe. Für den Lebensschutz versteht es sich schon aus dem Gesetzesvorbehalt von Art. 2 Abs. 2 S. 2 GG. Je nach dem, welchen Zweck der Staat verfolgt und welche Mittel für die Zweckverfolgung geeignet und erforderlich sind, ist das Leben stärker oder schwächer geschützt. Weder kann noch will der Staat seine Bürger vor allen Lebensgefahren, die die moderne Technik, Industrie und Verkehr mit sich bringen, schützen. Seinen Polizisten und Feuerwehrmännern verlangt er sogar ab, sich u. U. töten zu lassen, und zwar muß niemand Polizist oder Feuerwehrmann werden, der nicht will, aber Soldat muß auch werden, wer nicht will, und Soldat sein heißt, wenn Krieg ist, töten und getötet werden.

Für den Würdeschutz gilt ähnliches nicht wegen eines Gesetzesvorbehalts, sondern wegen dessen, was die Würde des Menschen ausmacht. Um seiner selbst willen, als Zweck und nicht als Mittel, als Subjekt und nicht als Objekt behandelt, jedenfalls nicht, wie das Bundesverfassungsgericht manchmal verstärkend formuliert, in der eigenen „Subjektqualität prinzipiell in Frage [ge]stellt"[16] und zum „bloßen Objekt des Staates"[17] gemacht zu werden, heißt in verschiedenen Lebensphasen und

---

[16] BVerfGE 30, 1 (26).
[17] BVerfGE 87, 209 (228).

-situationen Verschiedenes. In der Regel bedeutet es einfach Respekt vor der Autonomie des einzelnen; dieser muß sich staatlichen Paternalismus nicht gefallen lassen, er darf sein Leben selbst entwerfen und darf sich auch gefährden, prostituieren, in einer Peepshow präsentieren oder als Zwerg weitwerfen lassen, ohne daß der Staat besser wissen dürfte, was ihm gut tut und auch seiner Würde gemäß ist.[18] Aber in der Kindheit und bei Handlungs- und Willensunfähigkeit ermächtigt der Staat Eltern bzw. Betreuer eben dazu: besser als die Kinder bzw. Betreuten zu wissen und für sie zu entscheiden, was ihnen gut tut und auch ihrer Würde gemäß ist.[19]

Auch die sog. Objektformel ist nur behutsam und situationssensibel einzusetzen. In der Regel schützt sie vor Instrumentalisierungen und verbietet z. B., den einzelnen zur Schau zu stellen, an ihm ein Exempel zu statuieren, ihn zum Objekt der Generalprävention zu machen.[20] Aber wenn die Abwehr von Gefahren anders nicht möglich erscheint, bringen sich generalpräventive Gesichtspunkte durchaus dominant zur Geltung und werden auch entsprechend berücksichtigt.[21] Die Objektformel schließt nicht aus, daß der Staat den Bürger mit der Steuererhebung zum Objekt seiner Geldbeschaffung und im Wehrdienst zum Objekt seiner Abschreckung und Verteidigung macht. Sie schließt auch nicht aus, daß ein Offizier die einen auf einen verlorenen Posten kommandiert, damit sie den Rückzug der anderen sichern, d. h., daß er die einen opfert, um die anderen zu retten – ein Beispiel, das für einen Feuerwehr- oder für einen Polizeieinsatz variiert werden kann. Aber was im Krieg geht, geht nicht im Manöver, und was beim Feuerwehr- oder Polizeieinsatz gerechtfertigt sein kann, ist es nicht bei der Feuerwehr- oder Polizeiübung. Instrumentalisierungen, Objektifizierungen, Opferungen sind manchmal gerechtfertigt, aber eben nur manchmal, und sie sind dann auch mit der Würde der Geopferten vereinbar. Genau gesehen handelt es sich nicht wirklich um Instrumentalisierungen oder Objektifizierungen; denn wenn die einen geopfert werden müssen, damit die anderen gerettet werden können, kann

---

[18] „Zur Würde gehört auch, nicht zur Leistung von Würde gezwungen zu werden.", A. Podlech, in: Alternativkommentar Grundgesetz, 2. Aufl., Neuwied 1989, Art. 1 Abs. 1, Rn. 46.
[19] Vgl. H. Dreier, in: Dreier (Hrsg.), Grundgesetz Kommentar, Tübingen 1996, Art. 1 Abs. 1, Rn. 90 f.; C. Hillgruber, Der Schutz des Menschen vor sich selbst, München 1992, S. 64 ff.; Podlech (Fn. 18).
[20] Vgl. P. Badura, Generalprävention und Würde des Menschen, JZ 1964, 337 (343 f.).
[21] Vgl. BVerGE 45, 187 (253 ff.) [Lebenslange Freiheitsstrafe]; BVerfGE 50, 166 (176) [Ausweisung aus generalpräventiven Gründen].

12

ein solidarischer Konsens aller vorausgesetzt werden, auch die Last des Opfers zu tragen, wenn sie einen ebenso trifft, wie sie auch jeden anderen treffen könnte.

Worum es geht, mag noch deutlicher werden, wenn für einen Moment der Staat ausgespart bleibt. Dem anderen helfen, zugunsten des anderen verzichten, sich für den anderen aufopfern sind Grundformen solidarischen Handelns und Grundbedingungen solidarischer Gemeinschaft. Es geht nicht ohne sie. Zugleich gilt, daß man sich mit ihnen, wie umgangssprachlich gerne formuliert wird, nichts vergibt – schon gar nicht die Würde. Man vergibt sich zumal dann nichts, wenn es einen nichts kostet, weil man reichlich hat oder selbst nicht braucht, womit einem anderen geholfen werden kann. Eine Situation, in der man selbst nicht mehr braucht, womit ein anderer noch gerettet werden kann, ist die Organspende nach dem Tod, und sie ist als Akt der Solidarität so einleuchtend, daß ihre Verweigerung heute nur noch auf wenig gesellschaftliches Verständnis stößt. Auch die Lebendorganspende hat solidarische Evidenz, jedenfalls bei Verwandten und anderen Personen, die einander besonders nahestehen.[22]

Der Staat, der die zuvor erwähnten Opfer einfordert, knüpft an Solidarität an, die auch ohne ihn oder, wenn man so will, vor ihm existiert. Er könnte auch die Organspende nach dem Tod von Freiwilligkeit auf Pflichtigkeit umstellen. Zugleich hegt er Solidarität; er sorgt dafür, daß die Lebendorganspende nicht unter Druck und Zwang geschieht und kommerzialisiert wird, sondern nur stattfindet, wenn die Gefahr solchen Mißbrauchs gering ist. Er schützt die Solidarität auch davor, in Situationen für eine Lebendorganspende beansprucht zu werden, in denen es nicht um Lebenserhaltung oder Krankheitslinderung geht. Ein Würdeproblem liegt dabei weder im Bringen des Opfers noch in dessen Einfordern noch auch im behutsamen, hegenden Umgang mit opferbereiter Solidarität als solcher. Es scheint erst da auf, wo unnötige und auch zu große, zu schwere Opfer gefordert werden und wo die Bedingung der Gleichheit von Rechten und Chancen verletzt ist. Die Bedingung der Gleichheit ist essentiell; nur wenn die Last des Opfers in einer Situation alle gleichermaßen treffen kann und den, den sie trifft, ohne Ansehen der Person trifft, kann der solidarische Konsens, das Opfer zu bringen, vorausgesetzt werden.[23]

---

[22] Vgl. hierzu und folgend BVerfG, NJW 1999, 3399 [Lebendorganspende]; BVerfG, NJW 1999, 3403 [Postmortale Organentnahme] sowie E. Deutsch, Das Transplantationsgesetz vom 05. 11. 1997, NJW 1998, 777.
[23] Vgl. zum Schleier des Nichtwissens als Voraussetzung gerechter Verteilung J. Rawls, Eine Theorie der Gerechtigkeit, Frankfurt 1975, S. 159 ff.; was Rawls zur Verteilung von Chancen und Gütern schreibt, gilt für die Verteilung von negativen

Zurück zum Bundesverfassungsgericht: angesichts dessen, daß Menschenwürde in verschiedenen Lebensphasen und -situationen Verschiedenes heißt, erscheint die Herleitung des Prinzips, unter das es seine verfassungsrechtliche Beurteilung des Schwangerschaftsabbruchs stellt, zwar nicht überzeugender, aber verständlicher. Aus Angst, bei der Anerkennung des Unterschieds unterschiedlicher Lebensphasen würden einige Lebensphasen des Lebens- und Würdeschutzes teilhaftig, andere dagegen nicht, ebnet es den Unterschied ein, statt zu erkennen, daß Lebens- und Würdeschutz zwar stets Beachtung verlangt, in den unterschiedlichen Lebensphasen und -situationen aber unterschiedliche Bedeutung hat. Es ebnet ihn ein, muß ihn dann doch anerkennen, wenn es bis zur Einnistung auf Lebens- und Würdeschutz verzichtet und ihn nach der Einnistung für bestimmte Situationen und Fristen mindert, kann ihm aber keinen systematischen Ort geben.

IV.

In systematischer Rekonstruktion der Unterscheidungen, die das Bundesverfassungsgericht trifft, ergibt sich folgendes Bild.

Die erste Phase des ungeborenen Lebens ist die Zeit von der Verschmelzung von Ei- und Samenzelle bis zur Einnistung in der Gebärmutter. Noch fehlt die für die Schwangerschaft charakteristische „Verbindung, die zwischen ... Mutter und Kind zu einem Verhältnis der ‚Zweiheit in Einheit' führt"[24], noch ist die Existenz des Ungeborenen der Mutter unbekannt, so daß davon, es sei „ihrem Schutz in jeder Hinsicht anvertraut, von ihm aber auch existentiell abhängig"[25], nicht die Rede sein kann. Die Abtötung der befruchteten Eizelle durch den Intrauterinpessar ist nicht Schwangerschaftsabbruch, sondern Empfängnisverhütung und wird als Akt der Abtötung weder von der Frau noch vom Recht registriert. Registriert und sanktioniert wird die Abtötung der befruchteten Eizelle nur dann, wenn deren Chancen geboren zu werden, besonders gering sind, weil sie sich erst noch im Labor befindet.[26] Mag das unter dem Gesichtspunkt des Lebens- und Würdeschutzes konsequent oder inkonsequent sein – konsequent ist

ebenso wie von positiven Chancen und Gütern und schließt die Verteilung von Lasten und Opfern ein.

[24] BVerfGE 88, 203 (252 f.).
[25] BVerfGE 88, 203 (267).
[26] Vgl. § 2 Abs. 1 ESchG

jedenfalls, die Phase vor der Einnistung als eine eigene Phase nicht nur dann zu kennzeichnen, wenn sie sich in der Frau, sondern erst recht, wenn sie sich im Labor vollzieht. Es ist die Phase, in der die Chance, geboren zu werden, im einen wie im anderen Fall statistisch noch überaus prekär ist; erst mit der Einnistung ist der „Prozeß des Wachsens und Sich-Entfaltens ... als Mensch", von dem das Bundesverfassungsgericht spricht[27], einigermaßen verläßlich auf den Weg gekommen. Es ist auch die Phase, für die es einleuchtet, daß das Bundesverfassungsgericht die Würde des Ungeborenen nicht mit dem Sosein, sondern dem Dasein um seiner selbst willen identifiziert, da das ungeborene Leben hier noch kein Sosein, sondern erst ein Dasein hat.

Die nächste Phase sind die ersten 12 Wochen nach der Einnistung. Zur Mutter im Verhältnis der Zweiheit in der Einheit stehen, dem mütterlichen Schutz umfassend anvertraut und existentiell von ihm abhängig sein, einigermaßen verläßlich wachsen und sich entfalten – in den ersten 12 Wochen trifft dies, womit das Bundesverfassungsgericht das ungeborene Leben unter der Bedingung der Schwangerschaft kennzeichnet, zu. Aber es ist noch nicht alles, was ungeborenes Leben unter der Bedingung der Schwangerschaft sein kann und wird.

Ab dem Zeitpunkt, zu dem die Schwangere erstmals die Bewegungen des Ungeborenen spürt oder auch auf dem Bildschirm des Ultraschallgeräts dessen Gestalt sieht, wird das Ungeborene Person. Person sein heißt wahrgenommen werden, Annahme und Zuwendung erfahren, ein Gegenüber sein, in Beziehung stehen.[28] Der Beginn der Entwicklung von menschlichem Leben zu menschlicher Personalität mag nur mehr oder weniger mit der 13. Woche anzusetzen sein. Immerhin entspricht dieser Ansatz einer alten, in der antiken Philosophie beginnenden und von der christlichen Theologie fortgesetzten Tradition[29]; für Thomas von Aquin fällt die Beseelung der Leibesfrucht mit deren ersten wahrnehmbaren Bewegungen zusammen, die er bei der männlichen Leibesfrucht schon auf das Ende der 6., bei der weiblichen auf das Ende der 12. Woche datiert. Beseelung be-

---

[27] BVerfGE 88, 203 (252).

[28] So auch R. Stürner, Die Unverfügbarkeit ungeborenen Lebens und die menschliche Selbstbestimmung, JZ 1990, 709 (721).

[29] Vgl. E. Coreth, Was ist der Mensch? Grundzüge einer philosophischen Anthropologie, Innsbruck u. a. 1976, S. 165; W. Pannenberg, Person, in: K. Galling (Hrsg.), Religion in Geschichte und Gegenwart, Bd. 5, 3. Aufl., Tübingen 1961, S. 230 (231); J. Werbick, Person, in: P. Eicher (Hrsg.), Neues Handbuch theologischer Grundbegriffe, Bd. 3, Neuausgabe, München 1991, S. 193 (196).

deutet für ihn Personalität, das In-Beziehung-Stehen zu anderen Menschen und zu Gott.[30]

In seiner letzten Phase könnte das ungeborene Leben auch schon außerhalb der Schwangeren leben. Nur im Hinblick hierauf macht die Schwelle der 22. Woche, an der der Schutz des ungeborenen Lebens noch mal stärker wird, Sinn; wenig später wird das ungeborene Leben zwar noch nicht geborenes, aber doch gebärbares Leben und käme der Schwangerschaftsabbruch in die Nähe einer Kindstötung.

Je später die Phase, desto stärker macht das Bundesverfassungsgericht den grundrechtlichen Lebensschutz. Desto mehr geht es auch nicht mehr nur um das Dasein, sondern um das Sosein des Ungeborenen, um die Bedingungen seiner Entwicklung, um sein Verhältnis zur Schwangeren und deren Verhältnis zu ihm, um die Wahrnehmung und Zuwendung seiner künftigen Mutter. Desto reicher wird auch der grundrechtliche Würdeschutz. Desto mehr kann bei depravativen Lebensbedingungen für die Schwangere eine Verletzung nicht nur von deren Würde, sondern auch der Würde des Ungeborenen vorliegen. Desto eher sind Verletzungshandlungen, die bei Kindern vorkommen können, schon bei Ungeborenen vorstellbar: die bloßstellende Veröffentlichung des mit Ultraschall aufgenommenen Bilds oder manipulative Einwirkungen auf die psychische oder physische Integrität und Identität. Die erste Phase zeichnet sich gegenüber allen späteren dadurch aus, daß es in ihr um das überdies prekäre Dasein und um nichts anderes geht.

V.

Das macht die grundrechtliche Beschäftigung mit dieser Phase besonders schwer. Unsere grundrechtlichen wie unsere lebensweltlichen Vorstellungen von Menschenwürde leben von unserem Bild des Menschen, unseren kollektiven und individuellen, historischen und gegenwärtigen Erfahrungen von Würdebehauptung, -gefährdung und -verletzung.[31] Und sie leben von unserer Fähigkeit, andere zu erleben und uns in sie zu versetzen. Gefoltert werden, als Schwarzer im Südafrika der Apartheid oder als Frau in

---

[30] T. von Aquin, Summa Theologica I, q. 28, a.3, Albertus-Magnus-Akademie (Hrsg.), Walberg 1951, Bd. 3, S. 27 ff.; vgl. dazu E. Schockenhoff, Personsein und Menschenwürde bei Thomas von Aquin und Martin Luther, Theologie und Philosophie 1990, S. 481 (488 ff.).

[31] Vgl. Hofmann (Fn. 9), 354 ff.

Afghanistan unter den Taliban leben, im Koma liegen, wegen Krankheit oder Alter nur noch dank medizinischer Apparate leben, behindert sein – wir können uns einfühlen. Wir können sogar phantasieren, wie es als Leibesfrucht im Mutterleib sein mag. Aber in eine befruchtete Eizelle können wir uns schlechterdings nicht einfühlen.

Dies ist ein schlichter Befund, der aber wichtige, in der gegenwärtigen Diskussion gelegentlich vernachlässigte Konsequenzen hat. Zum einen verbietet sich angesichts seiner das Slippery-Slope-Argument, die Gefährdung von Embryonen führe zu Gefährdungen anderer menschlichen Lebens, die Untersuchung von Embryonen auf genetische Defizite, um sie je nach Ergebnis der Untersuchung einzupflanzen oder nicht einzupflanzen, sei ein erster Schritt auf dem Weg zur Anmaßung der Entscheidung, ob Behinderte ein Lebensrecht hätten oder nicht hätten, und wenn Lebensschutz am Beginn des menschlichen Lebens relativiert werde, sei es nicht mehr weit zur Relativierung am Ende.[32] So berechtigt das Slippery-Slope-Argument in anderen Zusammenhängen ist – hier paßt es nicht. Die Schwelle zwischen dem Umgang mit befruchteten Eizellen und allem, was nicht nur menschliches Leben ist, sondern auch menschliches Antlitz trägt, ist nichts Schlüpfriges, über das man hinwegrutscht. Sie ist hoch und fest. So offenbart die Behauptung einer schlüpfrigen Nähe zwischen befruchteten Eizellen und Behinderten nur Unkenntnis über das, was Kontakt mit Behinderten ist.

Zum anderen verbietet sich in Konsequenz des Befunds die Hoffnung, die Grenzen dessen, was Lebens- und Würdeschutz beim Embryo erlauben bzw. verbieten, mit Hilfe von Parallelen zum fertigen Menschen zu finden. Die Präimplantationsdiagnostik mit der Selektion an der Rampe oder die Experimente mit embryonalen Stammzellen mit den Experimenten an Zwillingen zu vergleichen[33], geht wieder über den kategorialen Unterschied zwischen dem, was nachfühlbar und -erlebbar ist, und dem, was es nicht ist, hinweg und ist wieder eigentümlich unbedacht angesichts dessen, was Leiden und Sterben in Auschwitz war.

---

[32] H. Däubler-Gmelin, Interview, ZEIT vom 26. 07. 2001; F. Herzog, Präimplantationsdiagnostik - im Zweifel für ein Verbot?, ZRP 2001, 393 (395); W. Huber, Wir stehen nicht erst am Anfang des Diskurses, FAZ vom 09. 08. 2001; J. Rau, Rede vom 18. 05. 2001, FAZ vom 19. 05. 2001.

[33] J. Rau, (Fn. 32); U. Sacksofsky, Der verfassungsrechtliche Status des Embryo in vitro, unveröffentlichtes Gutachten für die Enquete-Kommission des Deutschen Bundestages „Recht und Ethik der modernen Medizin", 2001, S. 47; R. Spaemann, Gezeugt, nicht gemacht, in: C. Geyer (Hrsg.), Biopolitik, Frankfurt 2001, S. 41 (49).

Mit Beispielen, Parallelen, Vergleichen mag hier und da heuristisch operiert, kann aber keine Evidenz erreicht werden. Der kategoriale Unterschied ist zu groß. Um ihn auf einen Begriff zu bringen: Beim Embryo vor der Einnistung haben wir es mit menschlichem Leben in seiner Potentialität zu tun, nicht in seiner Aktualität. Nur aktuelles menschliches Leben können wir erleben, nur in es uns einfühlen, nur mit ihm in Beziehung stehen. Im potentiellen Leben können wir uns nur das Potential vorstellen; wir können es wegen dieses Potentials und auf es hin schützen.

VI.

Das einfache Recht leistet diesen Schutz in eigentümlicher Weise. Es schützt die befruchtete Eizelle, die sich einzunisten anschickt, nicht davor, durch den Intrauterinpessar am Einnisten gehindert, ausgeschieden und abgetötet zu werden. Die Frau, die sich für den Intrauterinpessar und damit für das Abtöten ungeborenen Lebens entscheidet, wird nicht sanktioniert, sie muß sich nicht beraten, auf den Vorrang des ungeborenen Lebens hinweisen und zum Austragen des Kindes ermutigen lassen, und ihr Verhalten wird nicht nur unter keine strafrechtliche, sondern überhaupt keine rechtliche Mißbilligung gestellt. Bei der befruchteten Eizelle dagegen, die in vitro erzeugt wird und existiert, wird durch das Embryonenschutzgesetz alles, was nicht zur Einpflanzung in die Frau, also zur Schwangerschaft führt oder führen kann, verboten[34], und dieser Schutz gilt wie der befruchteten Eizelle selbst nach herrschender Auffassung auch allen totipotenten Zellen, die aus der befruchteten Eizelle wachsen.[35] Dabei dient das Embryonenschutzgesetz weniger dem Schutz des Lebens des Embryos als vielmehr seinem Schutz davor, mißbräuchlich, d. h. für bestimmte mißbilligte Fortpflanzungs- und Forschungstechniken verwendet zu werden.[36] Embryonen, die nicht zur Herbeiführung einer Schwangerschaft verwendet werden, dürfen jedenfalls nicht für diese Techniken verwendet werden – was mit ihnen geschehen soll, läßt das Embryonenschutzgesetz offen.[37] Sie werden eingefroren. Das Embryonenschutzgesetz verlangt nicht, daß sie auf immer und ewig eingefroren bleiben, und läßt damit zu, daß sie eines Tages als endgültig unbrauchbar entsorgt werden.

---

[34] Vgl. §§ 1, 2 ESchG.
[35] Vgl. § 8 Abs. 1 i.V.m. § 2 ESchG.
[36] Vgl. H.-L. Günther, in: R. Keller/Günther/P. Kaiser, Kommentar zum Embryonenschutzgesetz, Stuttgart u. a. 1992, vor § 1, Rn. 1 ff.
[37] Günther (Fn. 36), Einführung, Rn. 18 f.

So passen die rechtliche Akzeptanz der Abtötung mittels des Intrauterinpessars und die rechtlichen Regelungen des Embryonenschutzgesetzes dann sogar zusammen: Das Leben des Embryos wird nicht geschützt, und es werden nicht einmal Anstalten zu seinem Schutz gemacht. Geschützt wird der Embryo vor jeder Verwendung, die nicht auf eine Schwangerschaft hinführt. Genauer: geschützt wird er nicht vor der Abtötung, geschützt wird er aber davor, eine Zelle entnommen zu bekommen, um je nach deren Untersuchung eingepflanzt oder nicht eingepflanzt zu werden[38], geschützt wird auch die entnommene totipotente, d. h. selbst als Embryo zu qualifizierende Zelle dagegen, in dieser Untersuchung verbraucht zu werden[39], geschützt wird der Embryo ferner dagegen, in sonstigen Forschungen verbraucht oder durch Austausch des Zellkerns für Zwecke des therapeutischen oder reproduktiven Klonens manipuliert zu werden.[40]

Ist das Schutz des frühen werdenden Lebens wegen seines Potentials und auf dieses hin? Schutz vor allem, was nicht auf die Verwirklichung des Potentials in Schwangerschaft und Geburt zielt, mit Ausnahme der Abtötung, die zwar auch nicht auf Schwangerschaft und Geburt, aber auch auf nichts anderes zielt? Weil es des Menschen Schicksal ist, als Leibesfrucht heranzureifen, geboren zu werden, heranzuwachsen, zu arbeiten und Kinder zu haben, zu altern und zu sterben? Weil also der Tod natürlicher, dem Leben und auch dem Potential des werdenden Lebens gemäßer ist als das Verbrauchtwerden für diagnostische Zwecke und wissenschaftliche Experimente? Weil außerdem der Embryo, der abgetötet wird, um seiner selbst willen abgetötet wird, da die Frau ihn einfach nicht will, mit ihm nicht schwanger werden will, während der Embryo, der für diagnostische Zwecke und wissenschaftliche Experimente verbraucht wird, um anderer Zwecke willen verbraucht wird?

In diesen Fragen bringt sich durchaus eine gewisse Logik zu Geltung. So mag man das sehen. Und mit der Logik trifft sich das Unbehagen, das wir bei der Vorstellung des manipulativen Umgangs mit unserem Ursprung haben, mit dem, was unserem Zugriff und Einfluß solange entzogen, was ein Geheimnis, was ein Heiligtum war. Fehlgehende Schwangerschaften,

---

[38] So die wohl überwiegende Interpretation des § 1 Abs. 1 Nr. 2 ESchG; vgl. J. Renzikowski, Die strafrechtliche Beurteilung der Präimplantationsdiagnostik, NJW 2001, 2753 (2756) m.w.N.; a.A. E. Giwer, Rechtsfragen der Präimplantationsdiagnostik, Berlin 2001, S. 37 f. m.w.N.

[39] Vgl. § 2 Abs. 1 i.V.m. § 8 Abs. 1 ESchG.

[40] Vgl. §§ 2, 6 ESchG.

Schwangerschaftsabbrüche, das natürliche und das beförderte Abgehen und Absterben befruchteter Eizellen – das alles ist Teil wenn nicht der conditio humana, dann jedenfalls eines unvordenklichen usus humanus. Der manipulative Umgang mit unserem Ursprung ist demgegenüber das ganz andere.

VII.

Aber davon, die Logik sei zwingend, kann nicht die Rede sein. Daß entweder eingepflanzt oder abgetötet wird, daß eher abgetötet als für diagnostische oder therapeutische Zwecke verwendet wird, daß das Abtöten sogar völlig freigestellt und die diagnostische oder therapeutische Verwendung strafrechtlich beträchtlich sanktioniert wird – es ist nicht zwingend, kaum stimmig, eigentlich befremdlich. Es hat eher traditionalistischen Charme als normative Konsequenz.

Das Potential des werdenden Lebens ist heute nicht mehr nur Schwangerschaft und Geburt – oder Abtötung. Es ist auch der diagnostische Beitrag zur erfolgreichen Schwangerschaft nicht behinderter Geschwisterembryos, der Beitrag zur medizinischen Forschung und künftig vielleicht sogar zur Heilung bislang nicht heilbarer Krankheiten. Er ist dies nicht einfach dank der Natur, sondern auch dank manipulativer medizinischer Techniken. Aber diese Techniken sind da und mit ihnen ist auch das Potential da.

Ich kann nicht sehen, warum dieses Potential dem menschlichen Leben und seiner Würde nicht gemäß und nicht gemäßer sein soll als das Abgetötetwerden. Es ist das Potential des Helfens, des Verzichtens, des Sichaufopferns und Aufgeopfertwerdens, des solidarischen Einsatzes bis zum äußersten und letzten. Wer von den Auschwitzer Beispielen der Selektion an der Rampe und der Experimente mit Zwillingen nicht lassen kann, der mag an die Beispiele sich für andere opfernder, ihr Leben für andere lassender Forscher, Ärzte, Pfarrer, Polizei- und Feuerwehrmänner, Soldaten denken und auch an die Beispiele geopferter Soldaten. Letztlich sind sie ebenso schief wie die anderen Beispiele; der Embryo ist weder der Jude an der Rampe noch der Soldat auf verlorenem Posten. Aber vielleicht können sie illustrieren, daß wie die Logik des Geborenwerdens, sein Leben Lebens und seinen Tod Sterbens auch die des solidarischen Einsatzes bis zum äußersten und letzten, nicht nur des freiwilligen, sondern auch des unfreiwilligen, Teil wenn nicht der conditio humana, dann jedenfalls eines unvordenklichen usus humanus ist.

Daraus folgt, daß bei werdendem Leben, das ohnehin absterben wird, die Entfaltung dieses solidarischen Potentials nicht gegen den grund-

20

rechtlich gebotenen Lebens- und Würdeschutz verstößt. Kein Verstoß ist die Forschung mit Embryonen, die bei der In-vitro-Fertilisation anfallen, aber nicht eingepflanzt werden und früher oder später absterben. Kein Verstoß ist auch die Forschung mit überzähligen Embryonen in der Weise des therapeutischen Klonens. Daß überzählige befruchtete Eizellen durch einen Eingriff in den Zellkern so stimuliert werden, daß die daraus entstehenden weiteren Zellen bestimmte Eigenschaften haben, ändert nichts daran, daß ein Potential entfaltet wird, das anders abgetötet würde. Kein Verstoß ist auch die Präimplantationsdiagnostik, die dafür sorgt, daß aus einer Mehrzahl von Embryonen, die nicht alle eingepflanzt werden und von denen einige früher oder später absterben, der Embryo eingepflanzt wird, der nicht behindert ist und daher auch nicht abgetrieben werden wird. Gewiß, die totipotente Zelle, die für die Präimplantationsdiagnostik entnommen wird, wird verbraucht und abgetötet, während andernfalls vielleicht gerade sie ausgereift und geboren worden wäre. Aber ebenso gewiß ist, daß ohnehin nicht alle totipotenten Geschwisterzellen ausreifen und geboren werden können. Damit ist die oben erörterte Bedingung der Gleichheit erfüllt; geopfert wird eine von mehreren totipotenten Zellen, die alle gleichermaßen in der Gefahr stehen, nicht auszureifen und geboren zu werden, und alle gleichermaßen dazu beitragen können, daß der Embryo eingepflanzt wird, der nicht behindert ist und daher auch nicht abgetrieben werden wird. Daß dies ohne Ansehen der Person geschieht, versteht sich; von Personalität kann hier, wo es noch nicht um das So-, sondern erst um das Dasein geht, noch nicht die Rede sein.

Es bleibt das reproduktive Klonen. Der Unterschied zum therapeutischen Klonen liegt nicht nur im Ziel. Er liegt jedenfalls derzeit auch darin, daß für erfolgreiches reproduktives Klonen so viele Versuche, so viele befruchtete Eizellen erforderlich sind, daß der Rahmen der Forschung mit überzähligen befruchteten Eizellen gesprengt würde. Dazu kommt, daß die Tiere, die durch reproduktives Klonen erzeugt werden, alle Defekte haben und besonders früh und besonders schnell altern, daß also das reproduktive Klonen davon, überhaupt eine Option für Menschen zu sein, weit entfernt ist. Aber selbst wenn das reproduktive Klonen eines Tages eine Variante der In-vitro-Fertilisation sein sollte, nicht mehr befruchtete Eizellen brauchen sollte als diese und auch nicht weniger Erfolg auf Schwangerschaft und Geburt versprechen sollte, wird es doch die Zerstörung einer befruchteten Eizelle verlangen, die nicht abgetötet werden müßte, sondern eingepflanzt werden, wachsen und geboren werden könnte.

Ich kann mir vorstellen, daß dies das reproduktive Klonen, wenn es eines Tages hinreichend entwickelt sein sollte, nicht verläßlich verhindern würde. Ich kann mir auch vorstellen, daß eines Tages in einzelnen Fällen präimplantationsdiagnostisch untersucht wird, ob das Embryo männlichen oder weiblichen Geschlechts sein wird. Beides wäre mit dem eben entwickelten Konzept des solidarischen Potentials und dem zugehörigen Lebens- und Würdeschutz nicht vereinbar. Beides muß als Gefahr der weiteren Entwicklung denn auch ernstgenommen werden. Zugleich muß aber auch die Gefahr in ihrer Dimension richtig eingeschätzt werden. Wenn bei den zahlreichen In-vitro-Fertilisationen, die in Deutschland jährlich gelingen, ein Embryo genetisch mit seinem gestorbenen Geschwister identisch wäre und ein anderer ein Mädchen statt ein Junge würde – auch der genetische identische und der weibliche statt männliche Embryo hätten Leben und Würde.

Ich komme zum Ende. Die Ergebnisse, zu denen meine Überlegungen mich geführt haben, bedürfen der Umsetzung. Das ist zum einen eine Aufgabe der rechtswissenschaftlichen Dogmatik, die den Lebens- und Würdeschutz des Embryos ins Verhältnis sowohl zu den Rechten der Eltern als auch zur Wissenschaftsfreiheit zu setzen hat. Es ist zum anderen die Aufgabe des Gesetzgebers. Der Gesetzgeber des zu novellierenden Embryonenschutzgesetzes muß sich den Problemen stellen, statt sie rigoristisch zu leugnen oder listig an Importeure zu delegieren. Es bedarf der Regelungen, was präimplantationsdiagnostisch untersucht werden darf und was nicht, unter welchen Voraussetzungen und zu welchen Zwecken mit embryonalen Stammzellen geforscht und unter welchen Voraussetzungen und zu welchen Zwecken therapeutisch geklont werden darf. Die Würde, die im solidarischen Potential liegt, wird je nach Gegenstand der Forschung gewahrt oder verletzt; das therapeutische Klonen zur Herstellung kosmetischer Produkte wäre anders als das zur Heilung von Alzheimer und Parkinson gewiß eine Verletzung der Würde menschlichen Lebens. Es bedarf neben materieller auch formeller Regelungen. In den entsprechenden Kommissionen und bei den entsprechenden Verfahren braucht es Nicht-Mediziner, die von ihrer übrigen Arbeit so freigestellt oder für die zusätzliche Arbeit so bezahlt werden, daß sie sich so sorgfältig einlesen und die Mediziner so beharrlich fragen können, bis sie wissen, was es zu entscheiden gilt, und ihre wichtige kontrollierende und korrigierende Rolle tatsächlich spielen können.

Die Welt zu belehren, daß sie im medizinisch-technischen Fortschritt innehält – dazu kommt die Philosophie zu spät und ist das Recht zu schwach. Gleichwohl darauf zu insistieren, daß sie innehalten soll, ist nicht nur müßig, sondern wird auch der Verantwortung nicht gerecht, die das Recht für die Begleitung des Fortschritts hat. Dem Fortschritt einen Rahmen zu geben, dieses zu erleichtern und jenes zu erschweren, im einzelnen auch zu verbieten – das ist die Möglichkeit und die Verantwortung, die das Recht hat.